青少年运动技能等级标准与测试方法丛书

STANDARD TEST OF SPORT SKILL LEVEL

CHINA SPORTS
EDUCATION ALLIANCE

青少年滑板
运动技能等级标准与测试方法

全国青少年运动技能等级标准研制组　组编

科 学 出 版 社
北 京

内 容 简 介

本书介绍了青少年滑板运动技能等级标准与测试方法,主要内容包括测试场地、器材、设备及人员配备要求,测试的总体要求,各等级测试科目,一~九级测试方法,各级测试中规定了该级测试的科目、方法与要求,并对测试过程中的动作要点辅以图示及说明。

本书可供国家及各级教育主管部门,体育主管部门,各级体育协会,体育院校及中小学校,社会性体育培训组织及体育俱乐部等相关单位人员参考使用。

图书在版编目(CIP)数据

青少年滑板运动技能等级标准与测试方法 / 全国青少年运动技能等级标准研制组组编. — 北京 : 科学出版社,2024.6
(青少年运动技能等级标准与测试方法丛书)
ISBN 978-7-03-073974-2

Ⅰ. ①青… Ⅱ. ①全… Ⅲ. ①滑板运动 – 称号等级(体育) – 标准 ②滑板运动 – 称号等级(体育) – 测试方法 Ⅳ. ①G888.6

中国版本图书馆CIP数据核字(2022)第225119号

责任编辑:张佳仪 / 责任校对:谭宏宇
责任印制:黄晓鸣 / 封面设计:殷 靓

科学出版社 出版
北京东黄城根北街 16 号
邮政编码:100717
http://www.sciencep.com
上海景条印刷有限公司印刷
科学出版社发行 各地新华书店经销

*

2024 年 6 月第 一 版 开本:B5(720×1000)
2024 年 6 月第一次印刷 印张:6 3/4
字数:107 000
定价:70.00 元
(如有印装质量问题,我社负责调换)

"青少年运动技能等级标准与测试方法丛书"
专家指导委员会

///

（按姓氏笔画排序）

王培锟　叶玮玮　吉　宏　孙麒麟　吴　瑛　邱丕相　何志林
余丽桥　邵　斌　孟范生　梁文冲　虞定海　戴金彪

第二版丛书序

//

2018年4月,我国第一套涵盖11个运动项目的"青少年运动技能等级标准与测试方法"(以下简称"标准")面向社会公开发布。同期,"标准"丛书由科学出版社正式出版。"标准"自问世以来,得到了教育部、国家体育总局、上海市教委、全国体育行业职业教育教学指导委员会,以及相关运动项目协会的高度肯定和大力支持,对推动青少年体育的发展起到了积极的作用。

截至2020年4月,全国已有16个省(自治区、直辖市)的9 000余名体育工作者接受了"标准"考评员培训,已有27个省(自治区、直辖市)的300余家社会机构组织开展了"青少年运动技能等级标准"测评,参加社会化测试的青少年近万人,有力推动社会力量对青少年体育发展做出贡献。上海市中小学校自2018年将"标准"作为推进学校体育工作的重要抓手,全面开展针对青少年学生的运动技能等级测试以来,到2019年底共测试中小学生超过10万人,测试结果为深入了解青少年学生运动技能掌握的实情、发现体育教学中存在的问题提供了有力参考。同时,针对体操、高尔夫球、羽毛球等项目,创新性地开展了比赛与测试相结合的标准等级赛,极大地激发了青少年参与比赛的热情,丰富了比赛的内涵,提升了青少年参与比赛的获得感,产生了良好的社会效益。

2018年12月,"标准"丛书获得了第27届上海市中小学、幼儿园优秀图书评选活动二等奖。2019年4月,"标准"丛书被列入上海市中小学、幼儿园图书馆(室)图书配置推荐目录。"标准"部分内容也在2019年被上海市初中教材《体育与健身》采纳,正式作为上海市初中生的体育课程学习内容。

"标准"在国内得到多方认可的同时,也受到了国际同行的关注。2019年4月出版的《青少年软式曲棍球运动技能等级标准与测试方法(中英文版)》得到了国际软式曲棍球联合会和亚洲大洋洲软式曲棍球联合会的认证,成为该项目的国际标准。这为"标准"在世界范围内的传播开了先河,彰显了我国青少年体育发展成果的国际影响力。

首批11个运动项目的"标准"出版后,引起了广大体育同行对青少年体育技能发展问题的关注,并积极投入到新"标准"的研制工作中。到目前为止，上海体育学院、成都体育学院、沈阳体育学院、哈尔滨体育学院、南京体育学院、宁波大学、上海理工大学、东华大学等单位积极支持科研人员参与到新"标准"的研制中，先后正式出版了软式曲棍球、健美操、体育舞蹈、艺术体操、空竹、跳绳6个项目的"标准"用书。此外，攀岩、轮滑等10余个新兴和时尚运动项目也已被纳入了研制和出版计划。

在首批"标准"的推广应用过程中，部分专家学者及广大使用者对进一步完善"标准"提出了非常宝贵的意见。研制组在对这些意见进行认真梳理和广泛讨论的基础上，决定开展对首批"标准"的完善和升级工作。经过近1年的努力，率先完成了足球、篮球、排球、羽毛球和高尔夫球5个项目的"标准"（第二版）工作。"标准"（第二版）主要有以下一些变化。

一是标齐等级难度。各项目研制组在基于前期测试的基础上，结合专家意见，尽可能标齐了不同项目同一等级的难度，增强了"标准"等级之间的可比性。

二是采用百分制。每一等级测试均采用百分制，提高了"标准"同一等级内的区分度，为中小学校利用"标准"开展学生体育学业评价提供方便。

三是提升测试效率。对部分之前测试较烦琐、耗时较长的科目进行了改进，简化了测试流程，增强了测试简便性，提升了测试效率。

四是提高严谨性。对各项目标准中存在的错误进行修订，对部分测试指标进行调整，并对第一版中的文字、图片和视频进一步完善。

在"标准"投入应用后，广大中小学体育教师、社会体育俱乐部教练对于如何指导青少年学练"标准"各等级测试动作产生了强烈需求。为此，各项目研制组针对各级测试的动作技术关键、易犯错误、教学步骤及学练方法等内容开展了教学指导用书的编写工作，以期"标准"能更好地为青少年体育实践服务。此外，各项目"标准"研制组积极开展人工智能测试工具的研发，为实现全程自动化测试奠定了基础。

不忘初心，方有正确航向。千锤百炼，才能永葆生机。希望通过不断的修订，能够提升"标准"的质量，打造出精品，为青少年的体育发展提供不竭动力。当然，由于研制者学识、能力和水平有限，"标准"丛书可能存在疏漏和不足之处，恳请各项目专家学者和实践应用者提出宝贵意见，以供进一步完善。

陈佩杰　唐炎

2020 年 4 月 15 日

第一版丛书序

//

　　2017年11月，国家体育总局、教育部、中央文明办、国家发改委、民政部、财政部和共青团中央7部门联合制定出台了《青少年体育活动促进计划》，明确提出"研究建立青少年运动技能等级评定标准"，并要求"各级教育部门应将运动技能等级纳入学生综合素质评价体系"。运动技能水平是衡量个体体育综合能力的关键指标，让青少年掌握1～2项运动技能是国家对青少年体育教育的基本要求。然而，如何客观有效地评判青少年运动技能的掌握水平，我们还缺乏一套行之有效的标准。毋庸讳言，当前运动技能等级标准的缺失已经成为制约青少年体育改革发展的主要因素。这对学校体育与健康课程改革的效果检验和深入推进、青少年体育素养水平评价的实施及社会性青少年体育培训的规范开展都造成了影响。因此，制定一套能展现运动项目特征、反映运动技能进阶规律、科学性强且便于测试的"青少年运动技能等级标准"（以下简称"标准"）已迫在眉睫。

　　2016年3月，上海体育学院组建了"标准"研制组并开展相关工作。经过广泛的专题调研和充分的分析讨论后，研制组确立了四等十二级制的"标准"体系构架，并以"标准"指标能反映运动项目的实际运用能力、能反映个体运动技能水平的变化、能促进青少年运动参与的积极性、能与竞技体育运动等级标准有效衔接为基本思路，依托中国乒乓球学院强大的科研力量，以乒乓球运动技能等级标准的研制为突破口，以点带面地推进研制工作。2017年4月12日，研制组首先发布了《青少年乒乓球运动技能等级标准》（以下简称《乒乓球标准》）。《乒乓球标准》的发布得到了中国乒乓球协会与上海市教委相关领导、乒乓球界多位名宿与专家的高度肯定，国家体育总局官网、新华网、环球网等数十家媒体予以报道。在《乒乓球标准》成功发布的基础上，研制组进一步优化研制思路和路径。又历时1年，经过对9 000余名青少年进行测试和数十轮专家研讨，研制组先后完成了足球、篮球、排球、羽毛球、网球、高尔夫球、田径、体操、游泳、武术10个运动项目的"标准"研制工作。上海市学生体育协会对"标准"高度认可，并采纳其全部内容用于促进青少年学生体育活动的开展工作。同时，"标准"已作为行业主体在上海市质量技术监督局申请为"团体标准"。"标准"的正式出台对于推动青少年体育发展可以起到以下几方面的作用。第一,"标准"的体系构架能够实现普通青少年与精英运动员的运动技能水平评定的衔接,能够为体育管理部门掌握青少年运动技能等级分布情况、规划运动项目发展方向提供支撑。第二,"标准"的指标设计充分考虑到运动项目参与主体的获得感,青少年在每一阶段的进步均能通过等级的进阶得到证明,从而更好地激发和维持青少年积极参与运动的热情。第三,"标准"在对个体参与测试的资格上添加了运动经历的要素,要求被测试者从进入"提高级"的测试开始,必须要具备相应的运动经历才能参与测试。这样的设置突出了"标准"作为评价工具的发展功能,能够避免青少年将技能等级提升与运动实践相割裂的弊端,从而更好地带动青少年积极运动。第四,"标准"指标体系的科学性及测试方法的便捷性能够为学校开展体育技能教学、评定学生体育技能水平提供技术支撑,能够为教育部门开展学生体育素养测评提供科学便捷的工具,更好地实践体育与健康课程的育人价值。第五,"标准"能够为各种青少年体育培训机构的培训质量提供明确的评价依据。当前,青少年体育培训机构虽然蓬勃发展,但也良莠不齐。评价培训质量的指标较多,而青少年运动技能水平的提升程度无疑才是评价培训质量优劣的重要参考。

从提出研制思路到最终成稿,上海市教委都给予了极大的支持与帮助。同时,上海体育学院国家社会科学基金重大项目"中国儿童青少年体育健身大数据平台建设研究"研究团队从项目设计开始,就将"标准"的研制作为主要的研究任务之一,并形成了专门的研究小组进行技术攻关。此外,各运动项目领域的诸多专家及协会、众多中小学学校及社会性体育培训机构也在本"标准"的研制过程中提供了大量帮助。在此,向所有为"标准"的研制工作贡献力量的人员表示衷心的感谢!

受学识的限制,"标准"肯定存在着诸多不完善的地方。因此,恳请广大专家学者以及应用"标准"的相关机构、组织及个人不吝赐教,多提宝贵意见,为"标准"的进一步完善提供真知灼见!

陈佩杰　唐　炎

2018 年 3 月 12 日

编写说明

///

"青少年运动技能等级标准与测试方法"丛书的编写特点如下：

● **科学性强**　基于万余名青少年的测试数据，经过数十轮专家论证而制定。各等级的测试科目基本涵盖了该项运动的主要技术，体现了运动项目的本质特征和运动技能的进阶规律。

● **客观性强**　研制过程中尽可能采用智能化的测试手段，能够有效避免主观因素的干扰。此外，还对各运动项目的测试场地、器材、设备、考官及被测试者提出了统一要求，从而保证了不同测试基地间测量的可信度。

● **操作性强**　在保证科学性和客观性的基础上，力求各运动项目等级的测试方法更简单易行，耗时更少。

● **引领性强**　不同运动项目的相同等级难度设置基本对等，具有一定的层次性。从"提高级"开始，要求具备相应的运动经历，能够激发和维持青少年的运动参与热情。

● **贯通性强**　能与高水平竞技运动有效衔接，从而实现普通青少年与运动精英在技能上的贯通。

● **直观性强**　各等级测试过程中的动作要点均辅以图片进行说明，且每项测试科目都配有示范内容的视频，通过扫描二维码，即可直观、便捷地了解测试内容与方法。

目　　录

//

青少年滑板运动技能等级标准与测试方法

20世纪50年代末60年代初,滑板(skateboard)运动在冲浪运动群体中流行开来,慢慢演化为街头运动,具有极限运动特色。滑板运动是指运动员脚踩滑动的板类器材,在不同地形、地面及特定设施上,完成滑行、跳跃、旋转、翻腾等动作的技巧性运动。滑板运动因其便利的开展场地和条件、独特的文化风格,深受青少年喜爱,商业化程度较高。滑板运动作为新兴奥运项目,包含了街式及碗池两个项目,未来还会衍生出更加丰富多彩的运动形式,比如陆地冲浪板、长板等。如今,滑板运动成为年轻人喜闻乐见的新兴休闲运动,并逐步走进校园课堂。

为帮助青少年掌握1～2项运动技能,促进青少年健康成长,同时也为了服务于滑板运动的良好发展,特制定"青少年滑板运动技能等级标准"(以下简称"标准")。本"标准"整体上采用四等十二级制,测试内容涵盖了滑板基本技术项目。其中,一～三级为入门级,四～六级为提高级,七～九级为专业等级,十一～十二级为精英级。本"标准"仅针对一～九级,预留十一～十二级与高水平运动员等级相衔接。

测试场地、
器材、设备及人员
配备要求

场地

滑板运动要求场地平整且有一定硬度,如由金属、木头等材质铺设的硬质平整地面,或是平坦坚硬的水泥路面和柏油路面。一～三级测试区域应按相应等级测试科目要求摆放道具,测试区域长度为15米,宽度为8米;四～六级测试区域应按相应等级测试科目所需摆放道具,街式测试场地面积应不小于200平方米,碗池测试场地面积应不小于500平方米;七～九级测试区域应符合《运动员技术等级标准》中关于滑板运动员技术等级标准的滑板赛事场地标准,其中,街式场地面积应不小于600平方米,碗池场地面积应不小于1 000平方米。

器材

障碍物:占地面积为100 ～ 900平方厘米的锥体。

台:高10厘米及以上,长1.5米及以上,宽1.2米及以上。

杆:高20厘米及以上,长1.5米及以上。

斜面:高30厘米及以上,倾斜度10°及以上。

弧面:高1.8米及以上,半径1.5 ～ 2.7米。

台阶:一层台阶高约15厘米,跨度约20厘米。

设备

医用急救包1套,全程录像设备1套,专用电脑2台,配备网络接口,或具备无线上网功能,并保证网络畅通。采用"标准"认可的电子计时装备。

人员

主考官:1名。

助考:至少3名。

其他考务人员:根据测试规模及需要配备若干名。

测试的
总体要求

测试规则

被测试者首次测试通过,可申请下一级等级的测试。测试不通过,可申请同等或者更低等级的测试。符合本"标准"要求的参赛经历的测试者可从四级开始测试。由国家体育总局评定的三级运动员可从四级开始测试,二级运动员可从七级开始测试。

中英文对照表

本"标准"结合国际轮滑联合会(World Skate, WSK)和中国轮滑协会颁布的竞赛规则制定,测试方法及动作要求以本"标准"的规定为准,如违反本"标准"的规定,将停止测试。被测试者以考核分数认定考核等级标准。一~三级被测试者,按照规定科目进行测试;四~九级被测试者,任选一个科目进行测试。本"标准"动作中英文对照表见二维码。

评分方法

测试总分为100分。考官根据被测试者动作的完成情况进行评分。考官根据个人风格、完整度、动作等要素进行评分(见下表),测试的总成绩为所有考官评分的平均值。被测试者最终成绩取整数。如出现小数点,则四舍五入取整。主考官对最终分数有决定权。其中,个人风格为主观打分,考官结合被测试者的整体表现,以流畅程度为参考进行评分;完整度为客观打分,考官对被测试者的线路完整程度、技术熟练程度进行评分;动作为客观打分,考官对动作完成的情况和完成质量进行评分。

评分要素表

要素	等级与标准					
	A (91~100分)	B (81~90分)	C (71~80分)	D (61~70分)	E (1~60分)	F (0分)
个人风格	非常流畅	比较流畅	一般	比较不流畅	不流畅	-
完整度	线路完整、技术熟练	线路较完整、技术较熟练	线路基本完整、技术基本熟练	线路基本完整、技术较不熟练	线路部分完整、技术不熟练	-
动作	动作完成,动作质量高	动作完成,动作质量良好	动作基本完成,动作质量一般	动作基本完成,动作质量较差	动作基本完成,动作质量差	动作未完成

┃ 被测试者要求 ┃

被测试者在测试前应进行不少于15分钟的热身活动,并熟悉测试内容。在此基础上,按照编号依次进行测试。测试时,被测试者应准备符合滑板测试项目的标准滑板,佩戴头盔、护手、护肘、护膝等全套极限运动护具;四级及以上被测试者要求佩戴符合国际轮滑联合会及中国轮滑协会滑板项目竞赛所要求的装备。

从四级开始要求被测试者应具有一定的比赛经历。申请四～六级测试的被测试者须参加过县级及以上政府相关部门或行业协会主办的比赛,或者以"标准杯"冠名的相应级别比赛,或者经"标准"委员会认定的比赛。申请七～九级测试的被测试者须参加过地市级及以上政府相关部门或行业协会主办的比赛,或者以"标准杯"冠名的相应级别比赛,或者经"标准"委员会认定的比赛。

┃ 考官要求 ┃

主考官及助考必须身着专用测试服装参加测试。测试前考官必须认真检查测试场地、器材安全与相关标准,询问、提醒被测试者做好充分的准备活动。

主考官资质:应是取得滑板运动国家级及以上裁判证书者。一～三级测试主考官应是取得滑板运动国家三级及以上裁判证书者,或经"标准"委员会制定或认定的人员;四～六级测试主考官应是取得滑板运动国家一级及以上裁判证书者,或经"标准"委员会制定或认定的人员;七～九级测试主考官应是取得滑板运动国家级及以上裁判证书者,或经"标准"委员会制定或认定的人员。所有考官均应无不良执裁记录。

助考资质:应是达到本"标准"六级及以上测试的人员,或经"标准"委员会制定或认定的人员。

┃ 测试点要求 ┃

必须保持测试场地整洁、卫生、明亮,无易造成伤害事故的坚硬物体等或其他安全隐患,室内场地必须有安全出口和紧急疏散通道。整个测试过程须全程录像。

各等级
测试科目

各等级测试科目一览表

等级	科目
一级	规定线路：上板、卡宾转向、刹停
二级	规定道具和线路：抬板头变向、斜面抬板头转身
三级	规定道具和线路：抓板头快速上板、卡宾转向、抬板头变向、豚跳上台阶、抬板头下台阶
四级 （任选一项科目）	街式规定动作：杆、台、斜面、弧面各2个动作
	弧面自定线路和规定动作（弧面滑动平衡、弧面豚跳、弧面抬板头转身、弧面滑出等至少5个动作）
	碗池自定线路和规定动作（正向加速、背向加速、弧顶铁杆双桥滑动平衡）
五级 （任选一项科目）	街式规定动作：杆、台、斜面、弧面各3个动作
	弧面自定线路和规定动作（弧面滑动平衡、弧面抬板头转身、弧面倒滑豚跳、弧面滑出等至少6个动作）
	碗池自定线路和规定动作（踩下碗池、腾空、弧面飞出、后桥平衡等5个动作）
六级 （任选一项科目）	街式规定动作：杆、台、斜面、弧面各4个动作
	弧面自定线路和规定动作（弧面滑动平衡、弧面翻板卡板转倒滑下、弧面倒滑豚跳、弧面滑出翻板等至少7个动作）
	碗池自定线路和规定动作（下碗池、腾空、弧面飞出、后桥滑动平衡等至少5个动作）
七级 （任选一项科目）	街式自定线路和规定动作（平台滑动平衡、平杆滑动平衡、5级及以上台阶的动作）
	碗池自定线路和规定动作（1.8米深碗池中弧面滑动平衡、腾空；2.6米深碗池中腾空或固定点平衡）
八级 （任选一项科目）	街式自定线路和规定动作（斜杆滑动平衡、斜台滑动平衡、抛台转身、6级及以上台阶的动作）
	碗池自定线路和规定动作（1.8米深碗池中弧面后桥滑动平衡、腾空360°；2.6米深碗池中腾空）
九级 （任选一项科目）	街式自定线路和规定动作（斜台滑动平衡、斜杆滑动平衡、抛台翻板、6级及以上台阶翻或转的动作）
	碗池自定线路和规定动作（1.8米深碗池中转角区域腾空、后桥加板底；2.6米深碗池中弧面滑动平衡、超出弧顶铁杆高度的空中动作）

一级测试

规定线路：上板、卡宾转向、刹停

▎测试方法与要求 ▎

被测试者在指定场地和标准测试距离下，在起点线 AB 前上板，过起点线 AB 开始向前曲线滑行，完成不少于 5 次卡宾转向（至少 2 次卡宾内转、2 次卡宾外转）后，过终点 CD 线，并在场地边线前完成刹停。

被测试者板头超过起跑线 AB 开始计时，板尾超过终点 CD 线时停止计时。计时过程中碰障碍物、身体任意部位触地，则从起点线前重新开始。

计时超过 20 秒为测试无效。被测试者未按照测试要求完成技术动作的成绩无效。

▎场地设置 ▎

测试场地长 15 米、宽 7 米，场地要求平整、防滑。标志线线宽 5 厘米。在测试场地内，在距离两侧边线 2 米处分别画标志线 AB、CD。在距离一侧长边 1.75 米及以上，从右侧边线开始，以 2.5 米的距离，设置一排 5 个标志点，标志点上放障碍物。

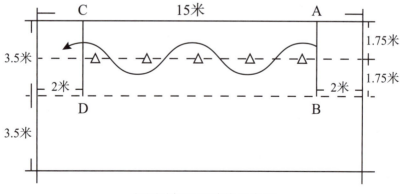

一级测试场地和路线示意图

动作图示及说明

1.上板

面向滑行方向,前脚掌位于滑板前方的四颗桥钉处,重心落在后脚,踩地。后脚蹬地推动滑板前行,同时将身体重心转移到滑板上方,随后后脚踩上滑板,后桥钉位置或板尾处。上板后前脚转动,呈滑行姿势,肩膀与板面基本平行,双脚各踩前后桥钉位置,眼睛看着板头前方。出发时左脚在前的站姿,将左脚放在滑板上;右脚在前的站姿,将右脚放在滑板上。

2.卡宾转向

身体重心往转向的方向倾斜,脚踝发力促使脚尖或脚跟可以下压滑板,使滑板的板面发生倾斜,使支架产生形变进而转向并滑出曲线。卡宾转向根据转向的方向可分为卡宾内转与卡宾外转。

卡宾内转:滑行过程中,眼睛看着转向的方向,膝盖微微弯曲,将身体重心转移到脚尖上,身体向脚尖方向倾斜,使滑板向着脚尖方向行进。

卡宾外转：滑行过程中，眼睛看着转向的方向，膝盖微微弯曲，将身体重心转移到脚跟上，身体向背后倾斜，使滑板向着脚跟方向行进。

3. 刹停

通过脚底与地面的摩擦，减速至停止的效果。刹停在初级阶段一般用脚刹。上板前行时，上身转向滑行方向，前脚的脚尖转向滑行方向，将重心全部转移到前脚，后脚下板，脚尖朝滑行方向，脚底接触地面并用脚底触地，向下施力，逐渐增加脚底与地面的摩擦力，减速至停止。

评分方法与达标标准

//

考官根据评分表并参考评分方法进行评分。被测试者达到60分,则该等级达标。

一级测试评分表

评分因素		分值
个人风格		20
完整度		40
动作	上板	5
	卡宾转向	30(6×5)
	刹停	5
总分		100

二级测试

规定道具和线路：抬板头变向、斜面抬板头转身

二级测试

▌测试方法与要求 ▌

被测试者在指定场地和标准测试距离下，沿滑行轨迹滑行。将滑板放置于AB线前，上板后开始抬板头变向绕过障碍物至斜面，抬板头转身180°返回，过AB线刹停。

被测试者板头超过AB线开始计时，完成滑行路线后，板尾超过AB线时停止计时。计时过程中碰障碍物、双脚离开滑板，则从AB线前重新开始。超过30秒为测试无效。被测试者未按照测试要求完成技术动作的成绩无效。

▌场地设置 ▌

测试场地长15米，宽7米，场地要求平整、防滑。标志线线宽5厘米。测试场地内，在距离两侧边线2米处分别画标志线AB、CD。在距离一侧AB线向内0.5米，长边1.75米及以上，分别以2.5米的距离，设置一排4个标志点，标志点上放障碍物。沿CD线向外放置斜面，斜面的直角边靠近宽边。

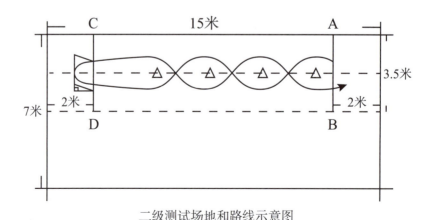

二级测试场地和路线示意图

动作图示及说明

1. 抬板头变向

前脚放在前桥钉上,后脚放在板尾。重心向转向一侧倾斜,进入卡宾弯的状态,转动肩膀带动腰、腿,轻抬前脚使前轮离地并转向,待滑板转到目标方向之后将重心转移至前脚,放下前轮。调整并稳定重心。

2. 斜面抬板头转身

保持站立的姿势滑行,滑上斜面时双肩保持和斜面的平行。至最高点滑行停止时,转头看向来程方向,重心后移到后脚,转动肩膀带动腰、腿、脚,轻踩板尾,将板头抬起,使板头顺势转动180°。前轮落地,重心压到前脚,完成下滑。

评分方法与达标标准

考官根据评分表并参考评分方法进行评分。被测试者达到60分，则该等级达标。

二级测试评分表

评分因素		分值
个人风格		20
完整度		40
动作	抬板头变向	30
	斜面抬板头转身	10
总分		100

三级测试

规定道具和线路：抓板头快速上板、卡宾转向、抬板头变向、豚跳上台阶、抬板头下台阶

▍测试方法与要求 ▍

被测试者在指定场地和测试器材下，手抓板站立于AB线前，沿滑行轨迹滑行至AB线前刹停收板，过程中需完成抓板头快速上板、卡宾转向、抬板头变向、豚跳上台阶、抬板头下台阶动作。

被测试者通过AB线开始计时，完成滑行路线后，在AB线前完成收板动作停止计时。计时过程中，除快速上板动作外，其他任意动作碰障碍物、身体除蹬地脚外任意部位触地，则回到失误点前继续进行。超过40秒为测试无效。被测试者未按照测试要求完成技术动作的成绩无效。

▍场地设置 ▍

测试场地长15米、宽7米，场地要求平整、防滑。标志线线宽5厘米。测试场地内，在距离左侧边线2米处画AB标志线。在距离AB标志线右侧3米、上侧边1.75米处设置标志点，然后分别以2.5米的距离，再设置一行3个标志点。在距离右侧边2.5米处，以一行末尾标志点为首，分别以1.5米的距离，设置一列4个标志点。一列末尾标志点距离下侧边0.75米，标志点上放障碍物。沿下侧边中心点放置台面。

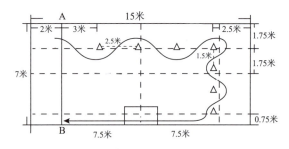

三级测试场地和路线示意图

| 动作图示及说明 |

1.抓板头快速上板

手握滑板板头向前跑动,使后轮着地前移,跑动,前脚抬起时将板放到身体下方,此时后脚支撑发力;前手将板头沿移动方向放下,并用前脚踩住,后脚呈蹬板姿势,随后将身体和重心推到滑板上方,快速轻跳上板。

2.豚跳上台阶

以适中速度滑行接近台阶,下蹲蓄力,准备向上跳起。起跳时后脚在板尾末端向下点板,并快速向上收起,使滑板弹起。当滑板弹起以后,前脚外侧一面向板头的方向带动滑板向前。后腿向上收起直至板尾也抬起,待后轮腾空后跳上台阶。两脚尽量保持在同一高度并使四轮同时落地,继续滑行。

3. 抬板头下台阶

在滑板前轮从台阶落下之前,用后脚轻踏滑板板尾,使板头抬起并滑下台阶,使滑板落地并继续滑行。

评分方法与达标标准

考官根据评分表并参考评分方法进行评分。被测试者应达到60分,则该等级达标。

三级测试评分表

评分因素		分值(分)
个人风格		20
完整度		40
动作	抓板头快速上板	5
	卡宾转向	5
	抬板头变向	5
	豚跳上台阶	15
	抬板头下台阶	10
总分		100

四级测试

街式规定动作：杆、台、斜面、弧面各2个动作

四级测试
科目一

//

▌测试方法与要求 ▌

被测试者在符合标准要求的平杆、平台、斜面、弧面道具下，分别完成至少2个技术动作，总共8个技术动作。每个动作有2次机会，2次均失误视为无效。如果一个道具完成超过2个动作，则取较高分动作。

被测试者从各个道具指定起点出发开始计时。每一个道具测试时间超过20秒则测试无效。

....

▌动作图示及说明 ▌

1. 平杆双桥滑动平衡

以适中速度滑行至平杆一侧，双腿膝盖弯曲，豚跳带板跳上平杆，将滑板的前桥和后桥同时锁定在栏杆上，双脚踩紧滑板，重心保持在杆的正上方，两脚应在平杆正上方，保持平衡，使得双桥摩擦平杆并向前滑动。到达平杆的末端时，后脚轻点板尾，让板头微微抬起，使滑板的四轮同时落地，继续滑行。

2. 平杆板底滑动平衡

以适中速度滑行，背向接近平杆，前侧肩膀向外侧打开使身体呈外转转体方式起跳，并以豚跳方式让板落在平杆的上方，保持板与杆呈90°，半蹲保持身体平衡。确保滑板完全在平杆的上方，双脚放在滑板的两端，身体

向前倾,推动板面摩擦平杆并向前滑动。当接近平杆末端时,转动肩膀,以压板尾转向的动作带动滑板转向并落下,呈一般滑行姿势后,继续滑行。

3.平台双桥滑动平衡

以适中速度滑行至平台前,双腿膝盖弯曲,带板跳上平台,将滑板的前桥和后桥底部同时卡在平台的边缘上,身体保持滑行姿态并掌控平衡,利用惯性使得双桥摩擦平台并向前滑动。到达平台的末端时,后脚轻点板尾,将板头微微抬起,使滑板的四轮同时落地,继续滑行。

4.平台板底滑动平衡

以适中速度滑行,背向接近平台,前侧肩膀向外侧打开使身体呈外转转体方式起跳,并以豚跳方式让板落在平台的上方,保持板与平台边缘呈90°,半蹲保持身体平衡。滑板前半部分在平台的上方,双脚放在滑板的两端,身体向前倾,推动前轮摩擦平台表面,板底摩擦平台的边缘并向前滑动。当接近平台末端时,转动肩膀,使滑板的四轮同时落地,继续滑行。

5. 斜面跳转

滑行至斜面上,豚跳转身并转体180°滑下。斜面跳转可包括斜面外跳转和斜面内跳转。

斜面外跳转:前肩膀向后背方向转动,做豚跳。腾空过程中前脚继续向板头方向刷板,同时后脚继续向上收,继续转动肩膀和身体,直至将滑板完全推平并完成180°转体。下落时让滑板的四轮同时落在斜面上,重心微微靠前直至滑出斜面。

斜面内跳转：前肩膀向胸口方向转动，做豚跳。腾空过程中前脚继续向板头方向刷板，同时后脚继续向上收，继续转动肩膀和身体，直至将滑板完全推平并完成180°转体。下落时让滑板的四轮同时落在斜面上，重心微微靠前直至滑出斜面。

6. 斜面抬板头转身

以适中速度保持在滑板上站立的姿势滑行，滑上斜面时双肩保持和斜面的平行。至转身点时转头看向来程方向，转动肩膀带动腰、腿、脚，轻踩板尾，将板头抬起，使板头顺势转动180°，完成下滑。

7. 弧面滑动平衡

加速向弧面上滑行,在靠近弧面的边缘时转动肩膀,用滑板板面或者桥的某个部位摩擦弧面的边缘继续滑行。随着滑行速度变缓,转动肩膀,抬板头进入弧面后,使滑板的前轮与碗池的弧面接触,重心压在前脚,继续滑行直至滑出弧面。

8. 弧面手抓板抛

加速向弧面上滑行。当滑板的前轮滑出弧面时,收前腿,后脚踩板尾。当滑板弹起以后,转动肩膀,手抓板,使得滑板完全飞出弧面,同时用手把滑板拉向身体,完成转体,当开始下落时,松手并保持身体平衡。下落时让滑板的四轮同时着地,继续滑行。

评分方法

考官根据评分表并参考评分方法进行评分。

四级科目一测试评分表

评分因素			分值（分）
个人风格			10
完整度			10
动作	杆	平杆双桥滑动平衡	10
		平杆板底滑动平衡	10
	台	平台双桥滑动平衡	10
		平台板底滑动平衡	10
	斜面	斜面跳转	10
		斜面抬板头转身	10
	弧面	弧面滑动平衡	10
		弧面手抓板抛	10
总分			100

弧面自定线路和规定动作

▎ **测试方法与要求** ▎

被测试者在符合标准要求的弧面道具下，完成2轮自定义线路。每轮自定线路完成至少5个技术动作，包括2个弧面滑动平衡动作、弧面豚跳、弧面抬板头转身、弧面滑出动作。弧面在碗池高度中线以上视为有效。每次动作有2次机会，2次均失误视为无效。同一个规定动作如完成超过规定数量，则取较高分动作。

被测试者从指定起点出发开始计时，收板停止计时。每轮线路超过60秒则为测试无效。

▎ **动作图示及说明** ▎

1. 弧面滑动平衡

加速向弧面上滑行，以一定角度靠近弧面的边缘，在接近适当位置时转动肩膀，做抬板头转体，使两个滑板支架中间部分落在弧顶铁杆并卡紧，借助惯性使支架与弧顶铁杆摩擦滑动。待速度变慢时，重心移到弧面内侧，抬板头转向下，前轮接触弧面后重心压到前轮，滑回弧面低处。

2. 弧面豚跳

从弧面低处向上滑行，即将腾空时豚跳，在空中时前脚向板头方向拉板，后脚抬高，身体收紧，待豚跳到最高点时开始回落，下落后重心转移到后脚,并以倒滑姿势滑行至弧面低处结束动作。

3.弧面抬板头转身

保持站立的姿势滑行,滑上弧面时双肩保持和斜面的平行。至最高点板滑行停止时,转身点板,转头看向来程方向,重心后移到后脚,转动肩膀带动腰、腿、脚,轻踩板尾,将板头抬起,使板头顺势转动180°,前轮落地,重心压到前脚,完成下滑。

4.弧面滑出

从弧面低处向上滑行,将后脚放在板尾,前脚放在滑板的中间位置,双腿弯曲蓄力。当滑板滑上弧面时开始伸展双腿,做起跳动作,直至到达碗池边缘,收起前腿抬起前轮。伸直后腿让后轮撞击弧面顶端边缘,弹起之后身体和滑板一起随惯性滑出弧面。腾空过程中身体重心逐渐转移到前脚,前脚向板头方向带板,把滑板拉平,直至四轮同时落地着陆,继续滑行。

▌评分方法 ▌

考官根据评分表并参考评分方法进行评分。

四级科目二弧面测试评分表

评分因素		分值(分)
个人风格		20
完整度		20
动作	弧面滑动平衡(第1次)	14
	弧面滑动平衡(第2次)	14
	弧面豚跳	14
	弧面抬板头转身	14
	弧面滑出	4
总分		100

碗池自定线路和规定动作

▌测试方法与要求 ▌

被测试者在符合标准要求的碗池下,完成2轮自定线路。每轮自定线路完成至少3个技术动作,包括正向加速、背向加速、弧顶铁杆双桥滑动平衡。线路在碗池高度中线以上视为有效。每次动作有2次机会,2次均失误视为无效。同一个动作完成超过2次,则取较高分动作。

被测试者从指定起点出发开始计时,收板停止计时。每轮线路超过45秒则为测试无效。

▌动作图示及说明 ▌

1. 正向加速

以更快的速度滑行,在滑入弧面前下压重心,进入弧面时做正身卡宾转向,同时慢慢舒展身体,做出强有力的推板动作,保持身体垂直于滑板板面。滑至最高处时,头向下看前方碗池底部平地,展开肩膀并转动肩膀,重心向身体背后倒向碗池底部平地,再次下压重心,并在下滑回程中舒展身体,向弧面表面方向推动滑板,完成加速动作。在整个滑行中,头始终朝着滑行方向。

2. 背向加速

以更快的速度滑行,在滑入碗池前下压重心,进入弧面时做背身卡宾转向,同时慢慢舒展身体,做出强有力的推板动作,保持身体垂直滑板板面。滑至最高处时,头向下看前方碗池底部平地,转动肩膀,重心倒向碗池底部平地,再次下压重心,并在下滑回程中舒展身体,向弧面表面方向推动滑板,完成加速动作。在整个滑行中,头始终朝着滑行方向。

3. 弧顶铁杆双桥滑动平衡

加速向上滑行至碗池边缘,利用惯性使滑板的前轮离开碗池进入空中,当滑板的后轮靠近碗池边缘时,转到肩膀,使肩膀与碗池的边缘平行,同时使得滑板的前后桥都卡在碗池的边缘上。身体微微前倾，使滑板双桥摩擦碗池边缘向前滑行。随着滑行速度变缓，将后脚放在板尾，前脚放在滑板前部的桥钉位置，后脚轻轻点板以抬起前桥后，将重心压在前脚，使滑板的前轮与碗池的弧面接触，重新进入碗池并在碗池中滑行。

▌评分方法 ▌

考官根据评分表并参考评分方法进行评分。

四级科目三碗池测试评分表

评分因素		分值（分）
个人风格		20
完整度		20
动作	正向加速	15
	背向加速	15
	弧顶铁杆双桥滑动平衡	30
总分		100

达标标准

//

　　被测试者选择任意一个科目进行测试，如测试项目含多轮次，则取较高分轮次。被测试者达到60分，则该等级达标。

五级测试

街式规定动作：杆、台、斜面、弧面各3个动作

▌测试方法与要求 ▌

被测试者在符合标准要求的平杆、平台、斜面、弧面道具下，分别完成至少3个技术动作，总共12个技术动作。每个动作有2次机会，2次均失误视为无效。如果一个道具完成超过3个动作，则取较高分动作。

被测试者从各个道具指定起点出发开始计时。每一个道具超过30秒则测试无效。

▌动作图示及说明 ▌

1. 平杆双桥滑动平衡

以适中速度滑行至平杆一侧，双腿膝盖弯曲，豚跳带板跳上平杆，将滑板的前桥和后桥同时锁定在栏杆上，双脚踩紧滑板，重心保持在杆的正上方，两脚应在平杆正上方，保持平衡，使得双桥摩擦平杆并向前滑动。到达平杆的末端时，后脚轻点板尾，让板头微微抬起，使滑板的四轮同时落地，继续滑行。

2. 平台后桥滑动平衡

以适中速度，沿着一定角度滑行至平台，双腿膝盖弯曲，豚跳带板跳上平台上方，拉平板之后，后腿向下踩，使后桥落在平台外沿边缘上。同时将重心压在后脚上使得板头翘起，用后桥在平台边缘向前滑动，保持板尾不碰到平

台,可以张开双臂保持平衡。当接近平台边缘末端时,后脚轻点板尾的同时用前脚压板,待后桥离开平台后,使滑板的四轮同时落地,继续滑行。

3. 平台板头滑动平衡

双脚置于豚跳位置,背对平台,以近乎平行于平台边缘的方向滑行接近平台,带板向外转动肩膀豚跳,转体至90°时前脚下落,让板头完全搭在平台,前桥卡在平台外侧,并将全部重心压到板头,同时将身体面向前方并向前倾斜,板头落在平台的瞬间,前脚推动滑板板头摩擦平台的边缘向前滑动。当接近平台末端时,转动肩膀,前脚发力让滑板回到开始滑行的方向,后脚下压,用身体带动滑板,使滑板的四轮同时落地,继续滑行。

4. 斜面跳转

滑行至斜面上，豚跳转身并转向180°滑下。斜面跳转可包括斜面外跳转和斜面内跳转。

斜面外跳转：肩膀向后背方向转动，做豚跳。腾空过程中前脚继续向板头方向刷板，同时后脚继续向上收，继续转动肩膀和身体，直至将滑板完全推平并完成180°转体。下落时让滑板的四轮同时落在斜面上，重心微微靠前直至滑出斜面。

斜面内跳转：肩膀向胸口方向转动，做豚跳。腾空过程中前脚继续向板头方向刷板，同时后脚继续向上收，继续转动肩膀和身体，直至将滑板完全推平并完成180°转体。下落时让滑板的四轮同时落在斜面上，重心微微靠前直至滑出斜面。

5. 斜面360°转身

倒滑滑行至斜面上,将后脚放在板尾处,前脚放在滑板前部的桥钉位置。转动肩膀,带动腰、腿、脚、板头,后脚轻点下压板尾使得板头离开斜面向上翘起且板尾不碰斜面,使滑板和身体顺势转动360°,继续滑行直至滑出斜面。

6. 弧面滑动平衡

加速向弧面上滑行,以一定角度靠近弧面的边缘,在接近适当位置时转动肩膀,做一个抬板头转体,使两个滑板支架中间部分落在弧顶铁杆并卡紧,随着滑行的惯性支架与边缘铁管摩擦滑动。待速度变慢时,重心移到碗池内侧,做一个抬板头转向,向下滑回弧面低处。

7. 弧面手抓板抛

加速向弧面上滑行。当滑板的前轮滑出弧面时,收前腿,后脚踩板尾。当滑板弹起以后,转动肩膀,手抓板,使得滑板完全飞出弧面,同时用手把滑板拉向身体,完成转体,当开始下落时,松手并保持身体平衡。下落时让滑板的四轮同时着地,继续滑行。

▌评分方法 ▌

考官根据评分表并参考评分方法进行评分。

五级科目一测试评分表

评分因素			分值(分)
个人风格			14
完整度			14
动作	平杆	平杆双桥滑动平衡	6
		第2个平杆动作	6
		第3个平杆动作	6

续表

评分因素			分值（分）
动作	平台	平台后桥滑动平衡	6
		平台板头滑动平衡	6
		第3个平台动作	6
	斜面	斜面跳转	6
		斜面360°转身	6
		第3个斜面动作	6
	弧面	弧面滑动平衡	6
		弧面手抓板抛	6
		第3个弧面动作	6
总分			100

弧面自定线路和规定动作

┃ 测试方法与要求 ┃

被测试者在符合标准要求的弧面道具下,完成2轮自定线路。每轮自定线路完成至少6个技术动作,包括3个弧面滑动平衡动作、弧面抬板头转身、弧面倒滑豚跳、弧面滑出动作。弧面滑出动作要求明显超过弧面高度。每次动作有2次机会,2次均失误视为无效。如果同一个规定动作如完成超过规定数量,则取较高分动作。

被测试者从指定起点出发开始计时,收板停止计时。每轮线路超过70秒则测试无效。

┃ 动作图示及说明 ┃

1. 弧面滑动平衡

加速向弧面上滑行,以一定角度靠近弧面的边缘,在接近适当位置时转动肩膀,后脚压板尾完成转身,使两个滑板支架中间部分落在弧顶铁杆并卡紧,借助惯性使支架与弧顶铁杆摩擦滑动。待速度变慢时,重心移到弧面一侧,做抬板头转向,向下滑回弧面低处。

2. 弧面抬板头转身

保持站立的姿势滑行,滑上弧面时双肩保持和斜面的平行。至最高点板滑行停止时,转身点板,转头看向来程方向,重心后移到后脚,转动肩膀带动腰、腿、脚,轻踩板尾,将板头抬起,使板头顺势转动180°,前轮落地,重心压到前脚,完成下滑。

3.弧面倒滑豚跳

以倒滑姿势,适中速度滑上弧面高处,在依然有存速时,重心放在前脚,后脚点板做豚跳,前脚拉板头,后脚收起,带板腾空,落下时保持平衡并继续滑下弧面。

4.弧面滑出

从弧面低处向上滑行,将后脚放在板尾,前脚放在滑板的中间位置,双腿弯曲蓄力。当滑板滑上弧面时开始伸展双腿,做起跳动作,直至到达碗池边缘,收起前腿抬起前轮。伸直后腿让后轮撞击弧面顶端边缘,弹起之后身体和滑板一起随惯性滑出弧面。腾空过程中身体重心逐渐转移到前脚,前脚向板头方向带板,把滑板拉平,直至四轮同时落地着陆,继续滑行。

评分方法

考官根据评分表并参考评分方法进行评分。

五级科目二测试评分表

评分因素		分值(分)
个人风格		20
完整度		20
动作	弧面滑动平衡(第1次)	11
	弧面滑动平衡(第2次)	11
	弧面滑动平衡(第3次)	11
	弧面抬板头转身	11
	弧面倒滑豚跳	11
	弧面滑出	5
总分		100

碗池自定线路和规定动作

▌测试方法与要求 ▌

被测试者在符合标准要求的碗池中,完成2轮自定线路。每轮自定线路完成至少5个技术动作,包括踩下碗池、腾空、弧面飞出、后桥平衡。线路在碗池高度中线以上视为有效。每次动作有2次机会,2次均失误视为无效。同一个动作若完成超过2次,则取较高分动作。

被测试者从指定起点出发开始计时,收板停止计时。每轮线路超过45秒则测试无效。

▌动作图示及说明 ▌

1.踩下碗池

将滑板的板尾放在碗池的边缘,后轮紧贴弧面。用后脚踩住板尾,前脚放在滑板前部的四颗桥钉处。将重心压在前脚上,身体向前倾并且降低重心,保持平衡,使滑板的前轮与碗池弧面接触,进入碗池,并在碗池中继续滑行。

2. 腾空

向上滑行至碗池的边缘,将后脚放在板尾,双腿弯曲蓄力。当滑板的前轮即将滑出碗池时,后脚在板尾末端向下点板,并快速向上收起。当滑板弹起以后,前脚向板头的斜上方方向轻轻推动,将滑板向上带起,使得身体和滑板一起腾空。着陆时双腿微微弯曲保持身体平衡,让滑板的四轮同时贴近碗池的弧面,重新进入碗池,继续滑行,如正身腾空。

3. 弧面飞出

从弧面低处向上滑行,将后脚放在板尾,前脚放在滑板的中间位置,双腿弯曲蓄力。当滑板滑上弧面时开始伸展双腿,做起跳动作,直至到达碗池边缘,收起前腿抬起前轮。伸直后腿让后轮撞击弧顶铁杆,弹起之后身体和滑板一起随惯性飞出弧面。腾空过程中身体重心逐渐转移到前脚,前脚向板头方向带板,把滑板拉平,直至四轮同时落到平地,继续滑行。

4.后桥平衡

向上滑行至碗池的边缘,将后脚刚在板尾处,前脚置于滑板前部的桥钉处。加速滑行,在即将靠近碗池边缘时抬起板头,将后桥卡在碗池的边缘处,确保板尾和前桥都不会接触碗池边缘,推动滑板使后桥摩擦碗池边缘滑动,动作结束后将重心压在前脚,使滑板重新进入碗池并在碗池中滑行。

▎评分方法 ▎

考官根据评分表并参考评分方法进行评分。

五级科目三测试评分表

评分因素		分值(分)
个人风格		20
完整度		20
动作	踩下碗池	12
	腾空	12

续表

评分因素		分值（分）
动作	弧面飞出	12
	后桥平衡	12
	第5个动作	12
总分		100

达标标准

//

　　被测试者选择任意一个科目进行测试,被测试者如测试项目含多轮次,则取较高分轮次。被测试者达到60分,则该等级达标。

六级测试

街式规定动作：杆、台、斜面、弧面各4个动作

测试方法与要求

被测试者在符合标准要求的平杆、平台、斜面、弧面道具下，各完成至少4个技术动作，总共16个技术动作。每个动作有2次机会，2次均失误视为无效。如果一个道具完成超过4个动作，则取较高分动作。

被测试者从各个道具指定起点出发开始计时。每一个道具超过40秒则测试无效。

动作图示及说明

1.后桥越过平杆板底滑动平衡

以适中的速度滑行，并以约30°的夹角靠近平杆，通过外转豚跳动作带板跳起，前脚刷板带动板头，下压前脚控制前桥不要越过平杆，用后脚推动板尾，让后轮越过平杆并完成90°转体，落下时将重心放在滑板中间，双脚推动滑板在平杆上向前滑动。当接近平杆末端时，肩膀转动，重心转移到后脚一侧，使滑板落地继续滑行。

2.平台前桥滑动平衡

以适中的速度滑行,并以约30°的夹角靠近平台,双腿弯曲蓄力,以豚跳姿势跳起。前脚刷板,将重心压在前脚使得板尾翘起且保持板头不碰到平台边缘。保持平衡,推动前桥在平台的边缘向前滑动。当接近平台末端时,前脚轻点板头后脚刷板,使四轮同时落地,继续滑行。

3.平台板头滑动平衡

以适中的速度接近平台,带板向外转动肩膀豚跳,转体至90°时前脚下落,让板头完全搭在平台上,前桥卡在平台外侧,并将全部重心压到板头,板头落在平台的瞬间前脚推动板头摩擦平台的边缘向前滑动。当接近平台末端时,转动肩膀,前脚发力让滑板回到开始滑行的方向,后脚下压使滑板的四轮同时落地,继续滑行。

4. 斜面抛加跳转

加速滑行至斜面上,转动肩膀带动身体转动,以豚跳腾空并180°转体落地。斜面抛加跳转包括斜面抛加外跳转和斜面抛加内跳转。

斜面抛加外跳转:当滑到动作位置时,肩膀向后转180°,同时带动身体转动,并做豚跳,使得滑板完全腾空。尽可能将滑板完全拉平并完成180°转体,着陆时让滑板的四轮同时着地,重心压向滑行方向的前脚,继续滑行。

斜面抛加内跳转:当滑到动作位置时,肩膀向前转180°,同时带动身体转动并做豚跳,前脚拉板,使得滑板完全腾空。尽可能将滑板完全拉平并完成180°转体,着陆时让滑板的四轮同时着地,重心压向滑行方向的前脚,继续滑行。

5. 斜面360°转身

倒滑滑行至斜面上,将后脚放在板尾处,前脚放在滑板前部的桥钉位置。转动肩膀,带动腰、腿、脚、板头,后脚轻点下压板尾使得板头离开斜面向上翘起且板尾不碰斜面,使滑板和身体顺势转动360°,继续滑行直至滑出斜面。

6. 弧面滑动平衡

加速向弧面上滑行，双腿弯曲蓄力，在地面与弧面的连接处开始压板，释放收缩的身体，靠近弧面的边缘时转动肩膀，用滑板摩擦弧面的边缘进行滑动。随着滑行速度变缓，结束动作并继续进入滑行状态，如双桥滑动平衡。

7. 弧面手抓板抛

以较快速度向弧面上方滑行，双脚采用正常滑行的站姿。当滑板的前轮滑出弧面时，转动肩膀并收起前脚，让板头接近身体，后脚踩住板尾，使后轮撞击弧面边缘。当滑板弹起以后，借助惯性继续向上腾空。在空中蜷缩身体，用手抓住滑板，使滑板紧贴双脚。当快要落回弧面墙壁时，松手并保持身体平衡，着陆继续滑行。

▌评分方法▐

考官根据评分表并参考评分方法进行评分。

六级科目一测试评分表

评分因素			分值(分)
个人风格			10
完整度			10
动作	平杆	后桥越过平杆板底滑动平衡	5
		第2个平杆动作	5
		第3个平杆动作	5
		第4个平杆动作	5
	平台	平台前桥滑动平衡	5
		平台板头滑动平衡	5
		第3个平台动作	5
		第4个平台动作	5
	斜面	斜面抛加跳转	5
		斜面360°转身	5
		第3个斜面动作	5
		第4个斜面动作	5
	弧面	弧面滑动平衡	5
		弧面手抓板抛	5
		第3个弧面动作	5
		第4个弧面动作	5
总分			100

弧面自定线路和规定动作

▌测试方法与要求 ▌

被测试者在符合标准要求的弧面道具下，完成2轮自定线路。每轮自定线路完成至少7个技术动作，包括4个弧面滑动平衡动作、弧面翻板卡板转倒滑下、弧面倒滑豚跳、弧面滑出翻板动作。弧面滑出动作要求明显超过弧面高度。每次动作有2次机会，2次均失误视为无效。同一个规定动作如完成超过规定数量，则取较高分动作。

被测试者从指定起点出发开始计时，收板停止计时。每轮线路超过80秒则测试无效。

▌动作图示及说明 ▌

1. 弧面滑动平衡

加速向弧面上滑行，双腿弯曲蓄力，在地面与弧面的连接处开始压板，释放收缩的身体，靠近弧面的边缘时转动肩膀，用滑板摩擦弧面的边缘进行滑动。随着滑行速度变缓，结束动作并继续进入滑行状态，如双桥滑动平衡。

2. 弧面翻板卡板转倒滑下

向弧面上滑行，将后脚放在板尾，前脚放在滑板的合适位置，双腿弯曲蓄力。后脚在板尾末端向下发力，使板尾点地让滑板弹起。当滑板弹起以后，前脚向板头的一侧踢板，将滑板翻转360°。完成翻板后踩住滑板，让滑板的板底落在弧面边缘上,回到弧面以倒滑的姿势继续滑行。

3.弧面倒滑豚跳

以倒滑姿势,适中速度滑上弧面高处,在依然有存速时,重心放在前脚,后脚点板做豚跳,前脚拉板头,后脚收起,带板腾空,落下时保持平衡并继续滑下弧面。

4. 弧面滑出翻板

以较快速度向弧面上方滑行,将后脚放在板尾,前脚放在滑板的合适位置,双腿弯曲蓄力。后脚在板尾末端向下发力,使板尾点地让滑板弹起。当滑板弹起以后,前脚向板头的一侧踢板,将滑板翻转360°,同时等待滑板完全飞出弧面。完成翻板后踩住滑板,着陆时让滑板的四轮同时着地,继续滑行。

▌评分方法▌

考官根据评分表并参考评分方法进行评分。

六级科目二弧面测试评分表

评分因素		分值(分)
个人风格		10
完整度		10
动作	弧面滑动平衡(第1次)	10
	弧面滑动平衡(第2次)	10
	弧面滑动平衡(第3次)	10
	弧面滑动平衡(第4次)	10
	弧面翻板卡板转倒滑下	15
	弧面倒滑豚跳	15
	弧面滑出翻板	10
总分		100

碗池自定线路和规定动作

▌测试方法与要求 ▌

被测试者在符合标准要求的碗池下,完成3轮自定线路。每轮自定线路完成至少5个技术动作,包括下碗池、腾空、弧面飞出、后桥滑动平衡。线路在碗池高度中线以上视为有效。每次动作有2次机会,2次均失误视为无效。如果同一个动作完成超过2次,则取较高分动作。

被测试者从指定起点出发开始计时,收板停止计时。每轮线路超过45秒则测试无效。

▌动作图示及说明 ▌

1. 下碗池

将滑板的板尾放在碗池的边缘,后轮紧贴弧面。将重心置于后脚上,用后脚踩住板尾,前脚放在滑板前部的四颗桥钉处。开始动作时,将重心从后脚转移到前脚上,身体向前倾并且降低重心保持平衡,使滑板的前轮和后轮都与碗池弧面接触,同时重心全部压到前脚,进入碗池,并在碗池中继续滑行。也可用滑入碗池等其他方式。

2. 腾空

向上滑行至碗池的边缘。当滑板的前轮即将滑出碗池时，后脚在板尾末端向下点板，并快速向上收起。当滑板弹起以后，前脚向板头的斜上方方向轻轻推动，将滑板向上带起，使得身体和滑板一起腾空。着陆时双腿微微弯曲保持身体平衡，让滑板的四轮同时贴近碗池的弧面，重新进入碗池，继续滑行。

3. 弧面飞出

加速从弧面低处向上滑行。当滑板滑上弧面时开始伸展双腿，做起跳动作，直至到达碗池边缘，弯曲前腿抬起前轮。伸直后腿让后轮撞击弧面顶端边缘，弹起之后身体和滑板一起随惯性飞出弧面。腾空过程中身体重心逐渐转移到前脚，前脚向板头方向带板，把滑板拉平，直至四轮同时落地着陆，继续滑行。

4.后桥滑动平衡

加速向弧面上滑行,双腿弯曲蓄力,在地面与弧面的连接处开始压板,释放收缩的身体,靠近弧面边缘时转动肩膀,用滑板后桥摩擦弧面的边缘进行滑动。随着滑行速度变缓,结束动作并继续进入滑行状态。

▎评分方法 ▎

考官根据评分表并参考评分方法进行评分。

六级科目三测试评分表

评分因素		分值(分)
个人风格		20
完整度		20
动作	下碗池	12
	腾空	12
	弧面飞出	12
	后桥滑动平衡	12
	第5个动作	12
总分		100

达标标准

被测试者选择任意一个科目进行测试,如测试项目含多轮次,则取较高分轮次。被测试者达到60分,则该等级达标。

七级测试

街式自定线路和规定动作

▌测试方法与要求▐

被测试者在符合要求的街式场地和道具下,最多完成3轮自定线路。每轮线路完成不少于6个动作。所有动作至少包含1个组合动作,其中包括平台滑动平衡、平杆滑动平衡、5级及以上台阶的动作等3个规定动作。

被测试者从指定起点出发开始计时,收板停止计时。每轮线路超过60秒则测试无效。

▌动作图示及说明▐

1. 平台滑动平衡

滑行靠近平台,以豚跳动作带板跳上平台,使滑板的桥搭在平台外沿,利用滑板的桥摩擦平台边缘并带动滑板向前滑动。当接近平台的末端时,抬板头使滑板的四轮同时落地继续滑行,如双桥滑动平衡。

2. 平杆滑动平衡

　　滑行靠近平杆,双腿弯曲蓄力,后脚放在板尾末端并向下点板,前脚刷板,带板跳上平杆,使滑板的某一部分在平杆上摩擦滑动,完成后落地滑行,如板底滑动平衡。

3. 5级及以上台阶的动作

　　加速至台阶前,后脚放在板尾,前脚放在合适位置,双腿弯曲蓄力,跳起并将滑板向上带起飞出台阶。完成相应动作平稳落地后继续滑行,以完成翻板或转体等动作为佳。

碗池自定线路和规定动作

▎测试方法与要求 ▎

被测试者在符合要求的碗池场地和道具下,完成3轮自定线路。其中在1.8米深碗池至少做5个动作,包括弧面滑动平衡、腾空2个规定动作;在2.6米深碗池须做腾空或固定点平衡2个规定动作。

被测试者从指定起点出发开始计时,收板停止计时。每轮线路超过45秒则测试无效。

▎动作图示及说明 ▎

1. 弧面滑动平衡

加速向上滑行至碗池边缘,用滑板板身或者支架等部位摩擦碗池边缘并保持平衡滑动,完成动作后重新滑入碗池继续滑行,如双桥滑动平衡等。

2. 腾空

加速向上滑行至碗池边,当滑板的前轮即将滑出碗池时,发力使身体和滑板一起腾空。着陆时双腿微微弯曲保持身体平衡,让滑板的四轮同时贴近碗池的弧面,重新进入碗池,继续滑行。

3. 固定点平衡

向上滑行至碗池的边缘，当滑板即将滑出碗池时，重心转换使得滑板的某一处停留在碗池的边缘上并在该处保持平衡。停留后，重新进入碗池继续滑行，如板底点平衡倒滑下、板尾点平衡。

评分方法与达标标准

被测试者选择任意一个科目进行测试。考官对被测试者的3轮线路综合成绩进行评分,其中个人风格占10％、完整度占20％、动作占70％。被测试者达到60分,则该等级达标。

八级测试

街式自定线路和规定动作

测试方法与要求

被测试者在符合要求的街式场地和道具下,最多完成3轮自定线路。每轮线路完成不少于6个动作。所有动作至少包含2个组合动作,包括斜杆滑动平衡、斜台滑动平衡、抛台转身、6级及以上台阶的动作等4个规定动作。

被测试者从指定起点出发开始计时,收板停止计时。每轮线路超过60秒则为测试无效。

动作图示及说明

1. 斜杆滑动平衡

滑行靠近斜杆,以豚跳带板跳上斜杆,使滑板搭在斜杆上,利用滑板与斜杠接触部位摩擦并带动滑板向前滑动。当接近斜杆末端时,让滑板回到滑行状态,四轮同时落地,并向前继续滑行,如板底滑动平衡。

2. 斜台滑动平衡

滑行靠近斜台,以豚跳带板跳上斜台,使滑板的双桥搭在斜台的边缘上,利用滑板的支架、板头或板尾等部分摩擦斜台的边缘并带动滑板向前滑动。当接近斜台末端时,稍抬前轮使滑板的四轮同时落地,并向前继续滑行,如双桥滑动平衡等。

3. 抛台转身

加速滑行至抛台上。当滑板的前轮即将滑出抛台时,转体豚跳,将滑板向上带起,使得滑板完全飞出抛台。腾空过程中完成转体跳跃。着陆时让滑板的四轮同时着地,继续滑行。

4.6级及以上台阶的动作

以较快的速度加速至台阶前,采用动作跳下台阶,落地时保持平稳滑行状态,并能够继续滑行。

碗池自定线路和规定动作

八级测试
科目二

▌测试方法与要求 ▌

被测试者在符合要求的碗池中,完成3轮自定线路。其中在1.8米深碗池至少做5个动作,包括弧面后桥滑动平衡、腾空360°等2个规定动作;在2.6米深碗池须做腾空规定动作,选做滑动平衡、倒立等2个动作。

被测试者从指定起点出发开始计时,收板停止计时。每轮线路超过45秒则为测试无效。

▌动作图示及说明 ▌

1. 弧面后桥滑动平衡

向上加速滑行,在即将靠近碗池边缘时抬起板头,将滑板的后桥卡在碗池的边缘处并确保板尾不会碰到碗池边缘,使滑板后桥摩擦碗池边缘向前滑行。滑行速度变缓后,重新进入碗池并在碗池中继续滑行。

2. 腾空360°

高速向上滑行至碗池的边缘。当滑板的前轮即将滑出碗池时,肩膀带动身体转动,将滑板向上带起,使得滑板完全腾空。腾空过程中完成空中转体360°。着陆时双腿微弯保持平衡,继续滑行。

3. 腾空

高速向上滑行至碗池边缘。当滑板前轮即将滑出碗池时,弯曲前腿,转动肩膀,后脚轻踩板尾,将滑板向上带起,使得滑板完全腾空。腾空过程中继续转体,直至完成180°跳转。着陆时保持身体平衡,重新落入碗池弧面进入碗池,继续滑行。

4. 滑动平衡

向上滑行至碗池的边缘,在即将靠近碗池边缘时将滑板的桥等部位卡在碗池的边缘处,摩擦碗池边缘向前滑行。随着滑行速度变缓,结束动作重新进入碗池滑行。

5. 倒立

加速向上滑行至碗池边缘,身体贴近弧面。转动肩膀,身体倒向弧面底部。根据具体动作需要,一只手抓住滑板,并让滑板继续滑高腾空,在水平面上高于身体。身体呈倒立状态时另一只手扶住墙面或碗池边缘,借助惯性将身体和滑板撑起,之后让滑板落回碗池,撑地手发力将身体推到滑板上,继续滑行。

评分方法与达标标准

//

    被测试者选择任意一个科目进行测试。考官对被测试者的3轮线路综合成绩进行评分，其中个人风格占10％、完整度占20％、动作占70％。被测试者达到60分，则该等级达标。

九级测试

街式自定线路和规定动作

九级测试
科目一

▌测试方法与要求 ▌

被测试者在符合要求的街式场地和道具下,最多完成3轮自定线路。每个自选路线动作完成不少于6个。所有动作至少包含3个组合动作,包括斜台滑动平衡、斜杆滑动平衡、抛台翻板、6级及以上台阶翻或转的动作等4个规定动作。

被测试者从指定起点出发开始计时,收板停止计时。每轮线路超过60秒则为测试无效。

▌动作图示及说明 ▌

1. 斜台滑动平衡

滑行靠近斜台,以豚跳带板跳上斜台,使滑板的双桥搭在斜台的边缘上,利用滑板的支架、板头或板尾等部分摩擦斜台的边缘并带动滑板向前滑动。当接近斜台末端时,稍抬前轮使滑板的四轮同时落地,并继续滑行,如双桥滑动平衡等。

2. 斜杆滑动平衡

滑行靠近斜杆，以豚跳带板跳上斜杆，使滑板搭在斜杆上，利用滑板与斜杠接触部位摩擦并带动滑板向前滑动。当接近斜杆末端时，让滑板回到滑行状态，四轮同时落地，并向前继续滑行，如板底滑动平衡。

3. 抛台翻板

加速滑上抛台。当滑板的前轮滑出抛台时，踩下板尾使滑板弹起，前脚向板头踢出，使滑板翻转360°并完全飞出抛台。着陆时让滑板的四轮同时着地，继续滑行，如尖翻、跟翻等。

4.6级及以上台阶翻或转的动作

加速滑行至台阶前,利用豚跳、翻板、转身等动作带板腾空,跳下台阶并平稳落地滑走,如外转豚跳,脚尖翻板等。

碗池自定线路和规定动作

▌ 测试方法与要求 ▐

被测试者在符合要求的碗池中，完成3轮自定线路。其中在1.8米深碗池至少做5个动作，包括转角区域腾空、后桥加板底等2个规定动作；在2.6米深碗池须做弧面滑动平衡、超出弧顶铁杆高度的空中动作等2个规定动作，选做倒立或其他动作。

被测试者从指定起点出发开始计时，收板停止计时。每轮线路超过45秒则为测试无效。

▌ 动作图示及说明 ▐

1. 转角区域腾空

以高速向上滑行至碗池转角一侧的边缘，使得身体和滑板一起腾空，转动身体完成转向，并使滑板落向转角的另一侧。着陆时双腿微微弯曲保持身体平衡，让滑板的四轮同时贴近碗池的弧面，重新进入碗池，继续滑行。

2. 后桥加板底

向上滑行至碗池的边缘，转动肩膀转变滑行方向，让后桥卡在碗池边缘铁杆，将重心放在后脚，前脚向下压板，确保板底紧贴碗池边缘，推动滑板沿着铁杆方向摩擦并向前滑行，张开双臂保持平衡。待适当时机压板尾，使板紧贴前脚，重新进入碗池并在碗池中滑行。

3. 弧面滑动平衡

加速向弧面上滑行，双腿弯曲蓄力，在地面与弧面的连接处开始压板，释放收紧的身体，靠近弧面的边缘时转动肩膀，用滑板摩擦弧面的边缘进行滑动。随着滑行速度变缓，结束动作并继续进入滑行状态。

4. 超出弧顶铁杆高度的空中动作

以更快的速度向弧面上方滑行，飞出弧面边缘之后完成翻板、转体等动作，再落回弧面并继续滑行，如背身腾空身前探脚。

5. 倒立

　　加速向上滑行至碗池边缘，双腿弯曲蓄力，身体贴近弧面。转动肩膀，身体倒向弧面底部，根据具体动作需要，一只手抓住滑板，并让滑板继续滑高腾空，在水平面上高于身体，身体呈倒立状态时另一只手扶住墙面或碗池边缘，借助惯性将身体和滑板撑起，之后让滑板落回碗池，撑地手发力将身体推到滑板上，继续滑行。

评分方法与达标标准

//

　　被测试者选择任意一个科目进行测试。考官对被测试者的3轮线路综合成绩进行评分,其中个人风格占10％、完整度占20％、动作占70％。被测试者达到60分,则该等级达标。